RÉFUTATION

D'un rapport d'une Commission chargée par le Président d'Haïti de l'examen du dossier des accusés politiques du Cap-Haïtien, publié par le journal *La République*, dans ses numéros 50 et 51 de 1860, acquittés par une Commission militaire, et exilés par le Président Geffrard.

CONSTITUTION HAÏTIENNE.

Article 143. Nul Tribunal, nulle juridiction contentieuse ne peut être établie qu'en vertu d'une loi. Il ne peut être créé de Commission ni de tribunaux extraordinaires sous quelque dénomination que ce soit.

Art. 25. Nulle peine ne peut être établie que par la loi, ni appliquée que dans les cas qu'elle a déterminés.

Je viens de lire avec non moins de surprise que d'indignation sur le journal *La République*, imprimé au Port-au-Prince (Haïti), un rapport adressé au Président d'Haïti, sous la signature de quatre citoyens constitués en tribunal exceptionnel, ayant mission d'infirmer sans mandat légal, un jugement d'acquittement rendu par un conseil spécial militaire que le Président avait lui-même choisi et nommé pour me juger.

Je me serais tu sur ce rapport, pour ce qui me concerne, s'il n'était, au mépris des saintes lois de la vérité, un tissu de faussetés et de contradictions, et s'il ne renversait toutes les institutions républicaines, en détruisant l'institution du juri, sauvegarde des citoyens. En effet, le conseil militaire en Haïti est une espèce de juri, armé d'une loi draconienne frappant plus souvent des innocents que des coupables et contre lequel le droit de récusation n'est pas admis; ce qui permet au gouvernement de faire entrer dans sa composition les dénonciateurs occultes. (Voir la déclaration du commandant Sylla, juge sur la cause.)

Une conspiration se trama au Port-au-Prince, à soixante lieues de la ville du Cap où je réside. Seize accusés furent jugés et fusillés. Ce torrent de sang ne satisfit point. On voulut que dans chaque département le sang innocent coulât. Le gouvernement, pour atteindre ce but, fit arrêter le citoyen R. S. Martin le 30 août de l'année dernière, par suite de la publication de plusieurs lettres qu'il avait adressées au Président d'Haïti pour solliciter sa démission du grade de lieutenant-colonel. Le sept du mois de septembre, le président ordonna que je fusse placé sous la surveillance de la haute police, sans déduire les motifs de cet ordre étrange, et le 13 il ordonna mon arrestation.

Cependant je n'étais pas sans savoir les pièges qui m'étaient tendus dès le mois de juin, puisque j'écrivis à ce sujet au général français Jean-Joseph, aujourd'hui ministre de l'intérieur.

Après deux mois passés au cachot, sans aucune communication avec ma famille, un conseil de guerre fut subsistué à celui qui existait dans un but qui ne militait pas en faveur de la justice de notre cause, mais il fallait se soumettre, et nous y comparûmes avec treize autres accusés que l'on avait arrêtés dans d'autres communes. Ces accusés n'avaient aucun rapport ni direct, ni indirect avec nous.

Ce n'est qu'alors que nous sûmes que nous étions accusés de complot militaire. Cependant le conseil de guerre, quoique menacé dans son indépendance, par un déploiement de forces de plusieurs milliers d'hommes, et par des caissons de cartouches déposées dans l'enceinte du tribunal, déclara notre innocence, en ordonnant notre mise en liberté sur-le-champ, en vertu de l'article 109 du Code pénal ainsi conçu : « Si l'accusé est déclaré non coupable, le président ordonnera qu'il soit mis en liberté sur-le-champ, s'il n'est retenu pour autre cause. » Cette décision n'ayant point satisfait nos bourreaux, ils nous retinrent en prison. Mon droit public étant violé par le gouvernement qui devait me le garantir, je m'adressai en ces termes au conseil des secrétaires d'État de la République, responsables d'après la constitution tant des actes du président d'Haïti qu'ils contresignent que de ceux de leur département, ainsi que de l'inexécution des lois :

Au Conseil des Secrétaires d'État de la République.

Citoyens Secrétaires d'État,

Je subis depuis trois mois environ un emprisonnement arbitraire qu'un jugement du conseil spécial de cette ville vient d'anéantir juridiquement en reconnaissant mon innocence et en ordonnant ma mise en liberté. En effet, Messieurs, j'ai été arrêté en violation de toutes les garanties sociales et humaines ; j'ai été torturé, avili et déshonoré pour avoir cru que je pouvais jouir de la plénitude de mes droits civils et politiques consacrés pour les institutions qui régissent les Haïtiens. Le droit public étant la garantie du peuple vis-à-vis du gouvernement est partout son catéchisme politique. Le citoyen qui n'enfreint aucune loi doit être protégé et respecté. La liberté, une des conquêtes de nos pères, ne doit pas être un vain mot. L'égalité devant la loi, corollaire de la liberté, a été une promesse de la révolution du 22 décembre, c'était le principal motif de la prise d'armes. Car c'est pour elle et par elle que la révolution a triomphé sans entraves, par le concours unanime du peuple.

J'ai gravi pour la première fois la sellette criminelle, l'an de grâce 1859, sous la république, par ordre du gouvernement haïtien, sans transmission de plaintes d'aucune autorité, ni de dénonciation dans les formes tracées par les lois. Mon dossier n'est composé que de mes interrogatoires et de mes témoins à décharge.

L'accusation me reprochait d'avoir fait deux voyages dans l'arrondissement du Fort-Liberté. Ils ont été pleinement justifiés, et comme elle ne pouvait rien prouver contre moi qui pût attirer même une peine de police, le conseil spécial dut m'acquitter. Depuis, je subis un emprisonnement qu'il est de l'honneur, de l'honnêteté et du devoir du gouvernement de faire cesser. Le Président d'Haïti ne me connaît pas ; il peut donc avoir une mauvaise opinion de moi selon que les ennemis du bien public m'ont peint dans son esprit. Mais vous, Messieurs les secrétaires d'État, qui me connaissez et qui êtes responsables de l'inexécution des lois, vous me laissez supporter des souffrances morales qui ruinent l'intelligence et découragent le citoyen !

Je ne sollicite aucune faveur, Messieurs, pour un crime que je n'ai point commis : mais je réclame un droit, ma mise en liberté proclamée par la souveraineté du conseil spécial et acclamée si chaleureusement par l'opinion publique.

A la veille de l'anniversaire du 22 décembre 1859, ayez en souvenir, Messieurs, les motifs pour lesquels la révolution a été faite, et réfléchissez un peu sur ce que doivent dire et penser tous ceux qui comprennent les mots *Liberté et Patrie*.

J'ai bien l'honneur de vous saluer,

(Signé) M. Clément.

Oubliettes du Cap, 22 Novembre 1859.

C'est cette réclamation de mes droits imprescriptibles et inaliénables foulés aux pieds que cette commission, espèce de Comité du Salut public, qualifie en ces termes : « Et ces deux accusés R. St.-Martin et Ménélas Clément ont poussé le cynisme jusquà écrire en des termes plus qu'audacieux et inconvenants au conseil des secrétaires d'État, pour réclamer, disent-ils, contre l'illégalité de leur détention !..

MM. Bouchereau et Toussaint, membres de cette Commission, faisant partie du Sénat, corps pondérateur, gardien de la constitution, ne pouvaient ignorer l'article 143 de la constitutton ainsi conçu : « Nul tribunal, nulle juridiction contentieuse ne peut être établie qu'en vertu d'une loi. Il ne peut être créé des commissions ni de tribunaux extraordinaires, sous quelque dénomination que ce soit. »

De quel côté est le cynisme? de quel côté est l'audace, entre moi qui réclame un droit constitutionnel, et vous qui l'anéantissez par les plus grands abus de pouvoir, vous qui déchirez le pacte social, en mettant en péril la vie, l'honneur et l'avenir du peuple haïtien? N'est-ce pas saper les bases fondamentales de la Société? N'est-ce pas méconnaître les simples notions du juste et de l'injuste? N'est-ce pas enfin faire l'apologie des assassinats juridiques des Darfour, des David Troy, des J.-B. Francisque, des C. Ardouin, des Latortue, des E. Hall, des Daublas, des Toussaint, des Dessalines et des Béliard, et de tant d'autres qui ont été, il est vrai, jugés et condamnés par des conseils militaires, mais sont tous morts victimes innocentes. Leurs juges sans entrailles les ont condamnés pour *satisfaire* le pouvoir d'alors, et vous punissez ceux qui, par conviction et par équité ont rendu un verdict d'acquittement! Ce que vous dites contre nous, c'est ce que vous direz contre eux, malgré la réprobation publique.

Hommes inconséquents et impolitiques, vous jetez l'étincelle sur la paille, elle s'enflamme, et vous criez à l'incendie, comme si ce n'étaient vous-mêmes qui l'aviez allumé. Qu'auriez-vous à dire, si des citoyens de la classe civile avaient été jugés et déclarés innocents par le juri? Vous auriez, d'après votre système, puni ce corps de l'avoir fait, comme vous punisseznos juges? Quel renversement de principe!...

Le Président Geffrard, lui aussi, n'a-t-il pas été accusé de complot militaire en 1846? N'a-t-il pas été acquitté et mis en liberté! Et pourquoi moi, jugé et acquitté comme lui et sous son gouvernement, dit restaurateur des institution, pourquoi dois-je subir la peine exceptionnelle de l'exil qu'il a *éditée*. Malgré l'article 110 du Code pénal : « Dans aucun cas, l'accusé déclaré non coupable ne pourra être poursuivi de nouveau à raison du même fait. » Est-ce en récrimination des exilés de l'autre gouvernement? En quoi puis-je être responsable? Que peut-on me reprocher depuis vingt ans que je sers mon pays, soit comme secrétaire du président Pierrot, soit comme député? Et c'est pour satisfaire de viles passions, d'absurdes préjugés qu'on se base sur la fausseté et le mensonge pour m'exiler de mon pays, ruiner mon avenir, rendre ma famille malheureuse et mes enfants orphelins!

Poursuivons le rapport dans ses appréciations grotesques et controuvées comme preuve de ma culpabilité : « Ménélas « Clément dans l'interrogatoire qu'il a subi est tout au « moins convaincu de mensonge, en niant n'avoir jamais « eu connaissance de cette conspiration, quand il est acquis « au procès par les révélations de son frère Alvinzi que ce « dernier avait reçu de lui des lettres à cet égard. Il est « de plus avéré, appert les pièces du procès qu'il assistait « aux réunions des insurgés chez Richelieu St-Martin, « notamment à cette fameuse réunion du 24 août épiée par « la police. »

Mon frère, dans son interrogatoire que j'ai lu, pour

prouver qu'il ignorait la conspiration, a déclaré qu'ayant reçu une lettre de moi au sujet de bruits qui circulaient au Cap sur trois personnages du Port-au-Prince que j'ai dénommés, bruit dénoncé à la police et au Gouvernement par le journal l'*Avenir;* crut devoir le communiquer au général Paul Jean-Jacques, commandant la division militaire, qui en parla sans doute au Président, lequel fit appeler mon frère et prit connaissance de cette lettre. Voilà la vérité! Eh bien! ma lettre pouvait plus servir au gouvernement s'il le voulait, et beaucoup de malheurs dont le président a été lui-même victime ne seraient pas arrivés. Où voit-on l'ombre de mensonge de ma part? Si, comme le prétend la commission, j'avais écrit à mon frère concernant la conspiration, cette lettre étant mise sous les yeux du président, devais-je être le moindrement inquiété, puisque pour d'autres ce serait un acte méritoire? Mais que peuvent attendre les déshérités, sinon injustice et tyrannie! La lettre en question étant une preuve de mensonge de ma part, et partant punissable de mort, d'après le système mis en usage, pourquoi ne l'a-t-on pas publiée? Il importait cependant de le faire, car enfin le voile du mensonge serait levé.

Vous parlez d'une soirée à laquelle j'assistais chez R. St. Martin, un soir, vers les huit heures, je me suis rencontré avec trois ou quatre amis chez lui : Après avoir devisé un peu, nous nous quittâmes vers les dix heures sans qu'il eût été dit un mot sur la politique. Quels sont donc les insurgés qui y étaient et que la police épiait, dites-vous, sans les arrêter en flagrant délit, lorsque je suis la seule victime sacrifiée à vos honteuses et machiavéliques passions? C'est que la police, plus conséquente que vous, ne voyant rien de répréhensible dans la conversation de quatre citoyens honorables que vous osez appeler insurgés, s'est retirée modérément. Avez-vous expliqué pourquoi cette réunion était si fameuse, quoiqu'elle ait été méprisée par vos sicaires? C'est qu'il vous est matériellement impossible de trouver une raison pour appuyer vos assertions. Pour ce qui est du résumé des interrogatoires que la commission cite avec tant d'emphase, c'est tout bonnement l'œuvre d'un officier-général qui ne sait ni lire ni écrire. Cet officier, honnête homme du reste, appelé au commandement de la place du Cap, plus d'un mois après notre arrestation, a signé ce qu'il avait plu à son secrétaire de lui faire hiéroglypher. Du reste, quelle influence peut avoir ce résumé d'un seul contre la décision d'un tribunal compétent qui a sa conscience pour guide, et dont l'arrêt a été applaudi et sanctionné par le peuple? Aucune!

Lorsqu'on a vu un peuple exceptionnel sur le globe verser pendant un demi-siècle son sang pour la conquête de la liberté, de l'égalité et de la fraternité, pour la régénération d'une race proscrite; et lorsqu'on vient à voir ce même peuple proscrit à son tour par la volonté d'un seul, placé uniquement pour exécuter les lois libérales votées par la nation, on se demande si Dieu qui donne aux chefs le pouvoir pour qu'ils en fassent un bon usage, permettera qu'une telle oppression se perpétue, et que le crime l'emporte sur la vertu.

Je laisse à l'opinion publique éclairée le soin de prononcer son arrêt contre des hommes sans foi, sans cœur, qui conseillent le mal comme le meilleur moyen gouvernemental, comme si le mal pouvait faire aimer une administration; et qui, loin de suivre les nations civilisées dans les voies libérales, imitent au contraire les États à esclaves, ou font pire qu'eux, car l'exil de l'homme libre n'est rien moins que de l'esclavage.

16 *Avril* 1860. Général M. Clément.

Conseil spécial militaire *siégeant au Cap-Haïtien.*

Présidence du Général de brigade,

ANTOINE VOLTAIRE.

Conspiration-Prophète.

Audience du 8 novembre 1859.

A huit heures et demie, un fort détachement, sous les ordres d'un chef de bataillon prend position autour du palais de justice : les soldats sont pourvus de cartouches.

Le gros de l'armée est l'arme au bras dans la cour des casernes.

A neuf heures, les juges, sortant du bureau de l'arrondissement, prennent siége. Puis, les accusés sont amenés de la prison, escortés par un détachement, tambour en tête; introduits dans la salle de l'audience, ils prennent place sur la sellette.

Le barreau est occupé par Me Jh. Baille, défenseur public près le tribunal civil des Gonaïves, Me F. Clermont, Me B. Guillaume, Me J. A, Delongchamp et Me Bernard Cadet;

Me Baille et Me Clermont conseils des accusés Richelieu St-Martin, Brennor Prophète, Sidney Prophète Anselme Prophète et Charles Sévère.

Me Clermont et Me Delongchamp conseils des accusés Pierre-Louis François, Fils-Aimé Pierre-Louis et Maxime Pierre-Louis.

Me B. Guillaume, conseil des accusés Ménélas-Clément et Alfred Ménard.

Me Clermont et Me Bernard pour l'accusé Jonquille.

Me Delongchamp, pour les accusés Charles Médéric, Antoine-Jacques, Saimbert Cool, Desnoyers Charles et Achoute Romain.

Me Polony, collaborateur de l'*Avenir*, tient de la courtoisie du barreau, la faveur d'occuper une place sur le banc des avocats, pour recueillir les notes.

Après toutes les formalités légalement et exactement remplies, le président ouvre la séance par l'appel des accusés.

Seize accusés répondent à l'appel, voir l'acte d'accusation.

Le président ordonne alors la lecture des pièces.

Me Clermont demande communication des pièces, lesquelles n'avaient pas été vues par les conseils des accusés. Le président n'admet pas cette demande et fait observer aux avocats qu'il leur suffit d'en suivre la lecture qui va leur être faite par les greffiers.

En outre il recommande aux avocats de ne point entraver la marche du procès par des incidents inutiles, et surtout d'observer strictement le respect dû aux lois et au conseil. Il finit en faisant remarquer qu'il remplit une haute mission, et qu'il comprend bien son devoir.

Me Clermont s'inclinant, prie le président de remarquer que les avocats n'ont pas une mission moins sacrée à remplir.

Les greffiers commencent la lecture des pièces qui se suspend à une heure.

A deux heures et demie, le conseil reprend siége; la lecture de pièces continue jusqu'à six heures.

Audience du 9 novembre.

A neuf heures du matin, le conseil reprend siége. La lecture des pièces se reprend et dure jusqu'à onze heures et demie.

L'accusateur miliaire, A. Chanche a la parole; il développe l'accusation et requiert l'audition des témoins.

Deux témoins à charge déposent dans l'affaire de l'accusé Brennor Prophète : le colonel Méhu et le citoyen Ulysse Jean-Mary.

Me Baille repousse ces dépositions et déclare faire ses réserves de droit là-dessus.

Le sénateur Mirtil Latortue, des Gonaïves, appelé comme témoin dans l'affaire de l'accusé Jonquille, au moment d'être entendu, fait observer qu'en qualité de sénateur de la République, il y avait des formalités à remplir à son égard; en vertu de l'article 400 du code d'instruction criminelle.

L'accusateur militaire, E. B. Mathon, déclarant qu'il agit d'après des instructions émanées de l'autorité supérieure en appelant dans la cause le sénateur Mirtil Latortue, celui-ci, sur cet avis, répond aux questions qui lui sont posées par le président sur le compte de l'accusé Jonquille.

Alors l'accusateur militaire demande le renvoi dans ses foyers du sénateur Mirtil Latortue, appelé pour donner seulement des renseignements.

Le citoyen Saint-Aude, témoin dans l'affaire de l'accusé Richelieu Saint-Martin est appelé. Après son introduction, lecture lui est donnée de quatre lettres écrites par lui à l'accusé Richelieu Saint-Martin et trouvée chez ce dernier par la commission d'enquête, lesquelles traitant de politique, mais n'ayant aucun rapport à la conspiration Prophète.

Ces lettres, étant considérées par les accusateurs militaires comme diffamatoires à l'égard du Gouvernement, le président ordonne l'arrestation du citoyen Saint-Aude aux termes de l'article 91 du code pénal militaire.

Le citoyen Saint-Aude est arrêté.

Son fils, présent dans l'auditoire, demande la parole ; ce qui lui est refusé.

Les avocats réclament la parole et ne peuvent l'obtenir, en raison de la rumeur qui suit cet incident.

Après le silence rétabli par l'énergie du Président, l'accusateur militaire, E. B. Mathon requiert l'arrestation dans les formes du sus-dit citoyen Saint-Aude, ce qui est exécuté.

Me Guillaume proteste contre cette arrestation qu'il trouve faite en dehors des règles.

Le président lui retire la parole et l'invite à respecter les décisions du conseil.

Il est une heure, la séance est levée.

A trois heures elle est reprise.

Deux témoins sont entendus en faveur de l'accusé Ménélas Clément.

Neuf témoins sont entendus en faveur de l'accusé Richelieu Saint-Martin.

A la déposition d'un d'entre eux, le citoyen Choute Beliard, l'accusateur militaire, l'accuse d'avoir varié sur un point de sa déposition écrite à la commission d'enquête et requiert son arrestation.

Le témoin donne les éclaircissements nécessaires, et est appuyé par Me Baille.

Le conseil entre en délibération et renvoie le témoin.

Il est six heures. La séance est levée.

Audience du jeudi 10 novembre.

A neuf heures du matin, le conseil reprend siége et procède à l'audition des autres témoins.

Trois témoins sont entendus et donnent des renseignements, l'un en faveur de l'accusé Brennor et les deux autres dans l'affaire de l'accusé Ménélas Clément.

Un dixième témoin est entendu en faveur de Richelieu Saint-Martin.

Trois témoins venus de Sainte-Suzanne, déposent dans l'affaire de l'accusé Sidney Prophète. L'accusateur militaire ayant requis l'arrestation de deux d'entre eux comme suspects de non-révélation, et Me Baille, ayant, à ce propos, exposé que le colonel Méhu, qui, par sa déposition, aurait dû être suspecté de non-révélation, ne l'a pas été cependant, parce qu'il n'y a aucune culpabilité dans la cause; le complot n'existant pas.

Le conseil entre en délibération et en sort pour prononcer l'arrestation d'un des deux témoins susdits de Sainte-Suzanne et du colonel Méhu.

Ici, Me Baille fait ressortir que la décision est contraire à sa cause, et sur ce, il fait ses réserves.

A midi, la séance est levée.

A deux heures et demie, la séance est reprise et le président déclare les débats ouverts.

L'accusateur militaire E. B. Mathon expose l'accusation et la soutient. Il fait le tableau de la situation du pays avant la révolution du 22 décembre; il fait ressortir la reconnaissance que doit la Société au président Geffrard, et l'horreur d'une conspiration qui devait attirer tant de maux sur la patrie.

Me Clermont et Me Baille ont la parole pour les accusés Brennor et Sydney Prophète. L'accusé Brennor obtient la parole et se défend longuement et avec convenance.

Puis l'accusé Richelieu Saint-Martin obtient la parole et se défend avec le respect dû aux lois et au conseil, avec calme, avec ordre, prenant l'un après l'autre, les divers chefs d'accusation et les combattant avec une énergie et une clarté irréprochables.

Le juge Sylla Jean-Baptiste Modeste, se trouvant indisposé, la séance est levée à six heures du soir.

Audience du vendredi 11 novembre.

A neuf heures et demie la séance est reprise.

Le conseil prononce la mise en liberté du colonel Méhu, ce que Me Baille approuve et trouve favorable à la cause en général.

L'accusateur militaire E. B. Mathon requiert la mise en liberté de l'autre témoin aussi arrêté la veille (celui de la Ste. Suzanne).

Les débats se poursuivent.

L'accusateur militaire E. B. Mathon soutient l'accusation contre l'accusé Richelieu Saint-Martin et déclare maintenir sur tous les points l'acte d'accusation.

L'accusé Richelieu Saint-Martin reprend sa défense, la poursuit comme la veille avec tout le calme désirable, combat l'accusation et prouve son innocence.

Me Baille et Me Clermont appuient sa défense.

Ici un témoin venu des Gonaïves, Mr Vastey, fait une déposition dans l'affaire de l'accusé Jonquille.

Me Baille et Me Clermont défendent l'accusé Anselme Prophéte.

L'accusateur militaire A. Chanche soutient l'accusation contre l'accusé Ménélas Clément, lequel prenant la parole en personne, se défend très-clairement, appuyé par Me B. Guillaume.

Les débats se poursuivant, les accusés Pierre Louis François, Saimbert Cooper Charles Médéric et Alfred Ménard sont presque mis hors de cause par l'accusateur militaire E. B. Mathon ; leurs conseils et l'accusé Alfred Ménard lui-même se défendent néanmoins de l'accusation.

La séance est levée.

A deux heures l'audience est reprise.

L'accusateur E. B. Mathon attaque vigoureusement l'accusé Jonquille.

Celui ci, défendu habilement par Me Clermont et Me Bernard Cadet, prend aussi la parole et fait un long plaidoyer.

Les accusés Desnoyer Charles, Charles Sévère, Achoute Romain, Fils Aimé Pierre Louis et Maxime Pierre Louis sont mis hors de cause par l'accusateur E. B. Mathon.

Me Delongchamp dépose ses conclusions à l'égard de ces accusés.

Me Baille résume la défense générale et s'applique à faire ressortir que des chefs d'accusation tels que ceux portés dans l'acte d'accusation sont des énormités qu'il n'est pas sensément possible d'imputer à des hommes de caractère, connus par leurs principes et par leur vie; enfin il fait voir qu'il est impossible d'appliquer aux accusés l'acte d'accusation en question.

Il est quatre heures et demie Les débats sont terminés.

Le conseil entre en délibération.

Les accusés sont conduits en prison.

A dix heures du soir, les accusés sont ramenés de la prison, le conseil reprend siége, et prononce l'innocence des seize accusés.

L'auditoire, malgré les cris préalables de la police, s'écrie avec des transports d'enthousiasme : Vive le Président d'Haïti! vive le conseil spécial militaire du Cap ! Vive la constitution ! Vive la liberté !

Le conseil rentre dans la chambre des délibérations et en sort à minuit pour prononcer le jugement d'acquittement, qui ordonne la mise en liberté sur-le-champ, des accusés Pierre Louis François, Charles Médéric, Antoine Jacques,

Saimbert Cool, Achoute Romain, Desnoyer Charles, Fils-aimé, Pierre Louis, Charles Sévère, Maxime Pierre Louis, François Alfred Ménard, Joseph Jonquille, Jean Ménélas Clément, Anselme Prophète, Richelieu Saint-Martin, Brennor Prophéte et Sidney Prophète, s'ils ne sont retenus par autre cause.

L'accusateur militaire ne produit aucune autre cause contre eux, et requiert qu'ils sont remis au commandant de la place.

Ils sont reconduitsen prison.

Extrait du journal *L'Avenir* :

Le conseil spécial militaire du Cap a honorablement rempli sa tâche. Le digne général Voltaire et les autres respectables officiers qui le composaient ont bien compris leur mission.

Citoyens dévoués à la cause de l'ordre public, ils ont attentivement suivi la procédure, pour qu'aucun coupable, s'il s'en trouvait parmi les accusés, ne pût échapper au châtiment justement établi par la loi pour ceux qui osent attenter à la sûreté intérieure de l'État.

Ils n'ont point trouvé de culpabilité, et, suivant la loi et et la conscience, ils ont prononcé un verdict d'acquittement.

Les accusateurs militaires ont poursuivi avec une rare énergie, mais il n'y a eu moyen d'appuyer d'aucune preuve ni d'aucun fait l'acte d'accusation qu'ils ont si chaleureusement soutenu.

Autant les perturbateurs doivent être frappés avec rigueur par les lois, autant ces mêmes lois doivent être religieusement respectées et observées. Elles sont souveraines.

Il faut encore applaudir la révolution du 22 décembre et le président Geffrard, qui ont restaurés dans le pays les institutions protectrices de l'ordre, des libertés et des garanties publiques.

La foule, qui s'était amassée dans la salle de l'audience devant les portes, et dans les rues avoisinantes, a acclamé Son Excellence avec un véritable enthousiasme.

Le lendemain la garde nationale et les troupes ont été renvoyées des casernes, et la ville a repris son calme et sa sérénité.

Le barreau a été irréprochable. Nous ne manquerons pas de faire mention de Me Clermont qui débute avec éclat et qui promet beaucoup.

Au numéro prochain, nous reproduirons le jugement et donnerons quelques autres détails sur les débats de ce procès.

Un aide-de-camp de S. E. le Président d'Haïti est arrivé en cette ville le 25 de ce mois.

Par décision du gouvernement, le jugement du conseil spécial militaire du Cap-Haïtien en date du 11 novembre, a été exécuté pour onze des acquittés, qui ont été mis en liberté le 26 au matin.

Des cinq autres, quatre sont bannis du pays : les citoyens Richelieu Saint-Martin, Ménélas Clément, Brennor Prophète et Sidney Prophète.

Ils vont être embarqués sur le premier navire étranger faisant voile pour l'EUROPE OU AILLEURS.

Protestation du citoyen Jean Ménélas Clément, adjudant-général des armées d'Haïti, dressée dans la prison de la ville du Cap Haïtien ce 27 décembre 1859.

Dans la position critique, la circonstance fatale où je me trouve, par suite d'une arrestation illégale et d'une détention arbitraire, le ministére des officiers publics compétents m'étant refusé, et voulant jouir d'un droit que m'accordent la constitution et les lois de mon pays, la République d'Haïti. Je proteste moi-même en face de Dieu et du peuple, de la manière la plus solennelle et dans les termes les plus larges, contre la détermination injuste qu'à prise le citoyen Fabre Geffrard qui préside les Haïtiens, de m'exiler sur la terre étrangère, m'ôtant ainsi la faculté de résider dans mon pays natal et d'administer mes intérêts privés comme père de famille. Mesure à la fois inique et inconstitutionnelle, contraire au droit public haïtien, usée, surtout, après un jugement d'acquittement rendu par des juges compétents nommés et choisis par lui, en conformité des lois et de la constitution, lorsque je n'ai été retenu pour aucune autre cause et sans qu'aucun acte préalable ne m'ait été signifié sur quoi que ce soit. Ce que je considère comme un acte émané du bon plaisir du chef de la République, agissant en Dictateur et qui rend sa position inconstitutionnelle aussi, par cela seul, qu'il viole la constitution, outrage les lois et les institutions républicaines du pays, en usant de son pouvoir pour anéantir un jugement qui a acquis force de chose jugée et substituer sa volonté en son lieu et place, annulant en même temps les principes de justice et d'équité dont la promesse de la restauration avait été si solennellement faite.

Mes droits de citoyen méconnus et confisqués par la première autorité qui dut me les garantir, mon droit public foulé au pied comme si la constitution ne le proclamait point, enfin tous les principes de la liberté altérés et méconnus, en rendant les citoyens soumis à la volonté d'un seul et à un système despotique, me font le devoir, pour la garantie unique des torts réels que je dois supporter, par le fait de l'exil, de réitérer mes dires et protestations, rendant le citoyen Fabre Geffrard, Président d'Haïti et son conseil des ministres responsables de tout et faisant mes réserves de droit généralement quelconque avec prétentions de dommages intérêts contre eux, leurs héritiers ou ayant droit en temps opportun.

Pour recours au besoin je remets les présentes au Vice-Consul de Sa Majesté britannique, pour être déposées en son hôtel, comme le Représentant d'une nation dont les sentiments libéraux sont universellement connus et appréciés et qui la première a su proclamer et consacrer le choix de la liberté. J'y appose ma signature et scelle de mon sceau les jours, mois et an que des autres parts.

Supplément à ma protestation du 27 décembre 1859.

Au nom et sous les auspices de la très-sainte et indivisible Trinité.

Placé sous la surveillance de la haute police du Cap Haïtien, dans les premiers jours de septembre de l'année écoulée, dans l'exercice de mes fonctions d'officier général, servant sous les drapeaux de la République d'Haïti, j'ai subi un interrogatoire devant une commission extraordinaire sur un fait qui m'était inconnu parfaitement, et contrairement à l'article 143 de la constitution. Peu après, je fus illégalement et brutalement jeté dans les cachots de la prison de cette ville, au milieu des forçats, enfermé en plein mois de septembre où la chaleur atteint 30 degrés Réaumur et où je gémis jusqu'en ce moment. Livré à un Conseil spécial militaire institué par nos lois et composé de membres choisis par le chef de la République, j'ai attendu patiemment et avec résignation mon jugement, l'heure de la délivrance sonnée, mon innocence fut reconnue et proclamée en présence d'un auditoire d'élite à la fois attentif et réfléchissant, ce conseil souverain formé uniquement pour la cause et contre lequel le droit de récusation n'est pas même admis, qui a jugé d'après sa conscience dont il ne doit compte qu'à l'être suprême, ordonna ma mise en liberté sur-le-champ, n'ayant été retenu par aucune autre cause par les accusateurs. Je croyais donc que j'étais en droit de compter sur la constitution, sur les lois et les institutions républicaines qui régissent Haïti ; mais j'étais dans les aberrations ; toutes ces garanties dues au citoyen ne sont encore que nominales ; et les promesses solennelles de leur restauration lors du renversement du système impérial despotique avaient été faites captieusement pour avoir ce concours empressé des masses pour réussir ; mais au fait c'est « l'adage ôte-toi que je m'y mette. »

Oui, par le fait de mon innocence proclamée publiquement et de ma mise en liberté ordonnée, je constate que la constitution n'existe plus en Haïti, que les lois sont soumises à la volonté du chef de la République, et que les institutions ne sont rien absolument. Cette constitution est violée, ces lois sont foulées aux pieds, et ces institutions sont nulles, puisque le chef de la République se posant en dictateur, paralyse, annule leur action, agit en dehors de tout et n'exécute que sa seule volonté en brisant le contrat saint qui le liait vis-à-vis du peuple et qui faisait toute sa force : car en dehors du règne des lois et de la constitution, c'est l'anarchie. Cette accusation je l'avance et je la soutiens ; et les actes du gouvernement même la prouvent ; car comptant sur la bonne foi du chef et sur les garanties de la Constitution des lois et des institutions du pays, que devais-je espérer ? Ma mise en liberté ! Eh bien, en dehors de la Constitution, au mépris des lois, altérant nos institutions, on ordonne la proscription, on prescrit l'exil sur la terre étrangère contre moi et trois autres citoyens acquittés comme moi, en nous *choisissant* entre un plus grand nombre, accusés, jugés et acquités aussi. Je le demande, n'est-ce pas substituer sa volonté en lieu et place, du jugement que j'ai subi ? N'est-ce pas violer et déchirer en même temps la constitution? N'est-ce pas enfreindre nos lois? N'est-ce pas enfin outrager la morale publique d'une jeune nation par une politique absurde et un préjugé plus absurde encore, tout en se déclarant tacitement Dictateur, plutôt que Président d'Haïti. Comment, on me prend dans les rangs de l'armée, comme officier-général, on m'embarque pour une destination inconnue, sans le sou, livrant ma fortune composée en partie d'animaux, dans un pays comme le nôtre où les voleurs sont si nombreux, on m'embarque, dis-je, comme officier-général des armées d'Haïti sans même me payer mes appointements, pour vivre malheureux à l'étranger ! Il n'y a pas de nom, pas de qualificatif à donner à un pareil acte.

Depuis que cet ordre d'exil est arrivé en cette ville, on gêne davantage mes moyens de communication pour mettre un peu d'ordre à mes affaires qui sont livrées depuis quatre mois à l'abandon ; on m'empêche de communiquer avec mon épouse sans un ordre du commandant de l'arrondissement et on m'embarque. J'ai dû protester pour la garantie de mes droits comme citoyen libre et indépendant et en m'appuyant toujours, quoiqu'on fasse, sur la constitution, les lois et les institutious que le chef de la République a jugé de faire respecter et d'exécuter, mais qu'il viole et méconnaît le premier.

Depuis le 1er janvier 1804, époque à laquelle nos pères prirent les armes et arrosèreut de leur sang le sol d'Haïti pour revendiquer la liberté et l'indépendance haïtienne et nous léguer une patrie, Haïti a été reconnue et déclarée, comme on le répète dans chaque ville et à chaque anniversaire de eette date mémorable, sous l'ombrage de l'arbre de la liberté et sur l'autel de la patrie, le seul pays qui appartienne en effet aux descendants de la race africaine ou indienne, le seul pays où ils puissent vivre librement et se vanter orgueilleusement même de leur indépendance. Mânes de nos pères, réveillez-vous ! sortez de vos linceuils, voyez l'ouvrage d'un de vos enfants !... Il brise en un jour toute votre œuvre en exilant les descendants des africains sur la terre étrangère ! Il déchire l'acte de notre délivrance, l'acte à jamais mémorable de notre indépendance. La constitution, les lois ni les institutions de la République ne permettent point l'exil contre un haïtien pour quelque cause que ce soit, même lorsqu'il serait un grand crimimel, jugez contre ceux dont l'innocence a été reconnue et proclamée : c'est donc un acte qu'on peut qualifier que de bon plaisir, un acte illégal, arbitraire, inconstitutionnel d'anti-républicain. Jamais, depuis 1804, aucun gouvernement n'a pris cette mesure anti-nationale ; sous le règne du feu général Christophe, tyran civilisateur, comme sous celui de l'ex-empereur Fautin, deux règnes despotiques, deux règnes de fer, les citoyens n'ont jamais supporté le désagrément de se voir proscrire de leur pays natal, séparer forcément de leur frmille, pourquoi ? C'est qu'ils avaient compris qu'Haïti est l'unique terre conquise par nos pères au prix d'héroïques efforts cimentés par leur sang et que ce patrimoine de leurs enfants doit leur rester en toute propriété jusqu'à extinction de la race ; aussi à cette même époque de 1804 jusqu'à ce jour, nos pères gravèrent dans la constitution que l'étranger ne peut avoir le droit d'acquérir des immeubles en Haïti, dans la crainte que ce patrimoine ne passe entre leurs mains. Sous le règne impérial on a vu des citoyens s'exiler en raison de nos luttes politiques, parce que se trouvant dans des cas exceptionnels, ils devaient prendre cette mesure pour échapper aux maltraitements du tyran, à la mort certaine. Ce n'était qu'après leur résolution exécutée, que le despote agissait en maintenant et convertissant l'exil volontaire en exil forcé, et encore il avait soin de dire, avec beaucoup de raison, que ceux-là avaient abandonné leur pays au milieu de périls imminents et devaient être bannis comme mauvais citoyens.

Ici le cas change, c'est un restaurateur de nos libertés publiques que le nord de l'Artibonite propose de mettre à la tête d'un mouvement révolutionnaire pour conquérir nos droits confisqués, lequel refuse d'abord ayant juré disait-il à l'ex-empereur de ne jamais être contre contre lui, et qui plus tard prétextant sa vie en danger accepte les propositions de quelques patriotes de la ville libre, et à jamais mémorable des Gonaïves, et réussit par le seul concours de l'Artibonite, du nord et du nord-ouest de la République ; et c'est pour satisfaire à son préjugé, à sa volonté, à je ne sais quoi, et surtout après un verdict d'acquittement qu'il veut déchirer le sein de la patrie en immolant, en détruisant la nationalité haïtienne par l'exil de ceux-la mêmes qui l'ont amené au pouvoir et qui tiennent de bon cœur et sans passion qu'il s'y maintienne et exécute sans parjure les promesses qu'il a faites pour réussir.

Voilà les motifs qui m'ont déjà décidé de protester depuis le 27 décembre dernier contre cette mesure de m'exiler, car je supposais que le temps qui m'était laissé était court ; des entraves, sans doute, l'ayant prolongé, je m'empresse de dresser ceci comme un supplément à ma première protestation à laquelle je me réfère encore quant à ce qui concerne mes réserves de droit. Je la réitère ici en prouvant plus au long l'illégalité de la décision du chef de la République d'Haïti, comme un acte inconstitutionnel qui frappe l'innocence et la liberté de quatre citoyens, et qui menace, en même temps, l'indépendance et la liberté de la grande famille haïtienne.

« Je proteste donc de toute la force de mon âme, en « face de Dieu, devant tous les amis de l'humanité et de- « vant tous les peuples civilisés. Voulant que mes gé- « missements soient entendus de tous les peuples infor- « tunés du globe terrestre qui luttent pour la liberté et « l'indépendance de leur patrie. »

Désirant que cette protestation supplémentaire soit jointe à la première et la complète, je la remets au Vice-Consul de Sa Majesté britannique au Cap Haïtien protecteur né de la nationalité haïtienne, et l'unique nation qui désire sincèrement voir Haïti libre et indépendante.

« Dressée à bord de la Goelette Anglaise Jane » où j'ai été amené par la force des baïonettes le 8 janvier 1860 et scellée de mon sceau militaire.

M. CLÉMENT.

Paris, imp. Aubry, rue de l'Eglise-Vaugirard, 6.

www.ingramcontent.com/pod-product-compliance
Ingram Content Group UK Ltd.
Pitfield, Milton Keynes, MK11 3LW, UK
UKHW020412250726
13967UKWH00006B/2595

9 782012 981898